Illusionen der Menschlichkeit

Luisa Patsiouras

Presentation by *BookLeaf Publishing*

Web: www.bookleafpub.com

E-mail: info@bookleafpub.com

ISBN : 9789357448093

First edition 2021

DEDICATION

Für meine geliebte Patentante Ulla.

Menschliches Leben ist vergänglich, doch die Liebe währt ewig.

ACKNOWLEDGEMENT

Laura und Vanessa, ich danke euch, dass ihr mich immer wieder zum Schreiben von Gedichten ermutigt habt. Meine liebe Tochter, danke für dein Sein. Du inspirierst mich immer wieder aufs neue und weitest täglich meinen Blickwinkel und stellst alte Gedankenkonstrukte auf den Kopf. Jedes dieser Gedichte wurde von einem besonderen Menschen oder Moment inspiriert. Ich danke all den wunderbaren Menschen um mich herum, die mich inspirieren.

PREFACE

Woran glaubst du? Wonach handelst du? Unser menschliches Sein ist so mannigfaltig geprägt, das jedes Sein ein Unikat des Seins ist. Jeder von uns entwickelt sich im Laufe des Lebens weiter, erleidet Schicksalsschläge, wächst über sich hinaus. All das, was wir erleben formt unsere Realität, die sich von all den Realitäten unserer Mitmenschen unterscheidet. Ich würde mich freuen, wenn dich diese Gedichte inspirieren und motivieren über dich nachzudenken. Ich möchte dich einladen, weiter zu denken, die Grenzen des scheinbar Möglichen zu überschreiten, sind sie doch nur Scheinwahrheiten.

So stellt sich die Frage nach der Wahrheit, wenn es diese eine denn gibt - oder ist alles eine Illusion? Sind wir als Menschen eine Illusion? Ist Menschlichkeit nicht geprägt durch Güte, Nächstenliebe und Empathie? Doch handeln wir wirklich so? Ist unser Sein nicht geprägt durch einen Schein, der nach außen hin alles vernebelt, sodass wir Sein und Schein nicht mehr unterscheiden können und uns einer Illusion hingeben?

Wir können nicht existieren ohne einen Einfluss auf unsere Umwelt zu haben. Wer wir sind, wie wir handeln, was wir sagen beeinflusst die Menschen um uns herum. Worte sind ein machtvolles Instrument, das wir mit Bedacht nutzen sollten - auch uns selbst gegenüber.

Ich wünsche dir viel Freude beim Abtauchen in die weiten Sphären menschlichen Denkens, Handelns und Seins. Mögen dich die Gedichte berühren, dich deine Wahrhaftigkeit und Schönheit fühlen lassen und inspirieren neuen Gedanken Raum zu schenken.

Des Zaubers Geheimnis

Es sind die kleinen Dinge,
in denen der Zauber wohnt,
die zu verzaubern verstehen,
was bezaubernd ist.

Scheinwerfer

Zu sein, das ist oft der Schein.
Der Schein, zu sein wer man ist,
so scheinbar das einfachste der Welt ist.
Einer Welt, in der man Maske trägt,
sich hinter ihr verbirgt und nicht erwägt,
zu sein wer man ist, nur um zu gefallen.
Törichtes Spiel, bei dem ein jeder droht zu
fallen.
Dann zerbricht des Scheinseins Schein,
im Scheinwerfers Licht in tausenden Scherben
drein.

Gedankenkarussell

Bitte einsteigen, los geht die Fahrt.
Ich steige einfach ein zum Start,
unbewusst und unachtsam
sitz' ich plötzlich in der Geisterbahn.

Gedanken mich erschrecken,
vorgesprungen aus allen Ecken,
zeigen sie die Geister der Vergangenheit,
mich weiter zu drangsalieren stets bereit.

Verfolgen mich, blitzen auf und leuchten,
als ob sie meine Energie zum Leben bräuchten,
als sei meiner Gedanken Kraft,
ihr Leben schenkend Saft.

Dies bedeutet doch auch für mich,
ohne mich existieren können sie nich'.
Entscheide mich nun achtsam und bewusst,
dass jetzt ist mit der Geisterbahn Schluss.

Ich konzentrier' nun meine Energie,
lass' ertönen eine neue Melodie.
Steige aus dem sich ewig drehend,
mich bitterlich anflehend

Karussell geschwind,
will nun sein positiv gestimmt.

Nehme meiner Gedanken Kraft,
haben es bis hierher geschafft.
Wollen nun neue Wege gehen,
ausprobieren tausend Ideen.

Das Leben soll mich reich beschenken,
werde nicht mehr an die Geister denken.
Fokussiere mich auf mich und meine Ziele,
denn davon habe ich in meinem Leben noch so
viele.

Das Wir in Dir und Mir

Wer sind Wir?
Sind Wir Wir?
Wer sind Wir allein,
getrennt in „Ich" und „Dein"?

Zwei Individuen, die erstreben
ein Leben voller Geben
und zu schenken ihre Liebe
auch wenn ihnen nichts mehr bliebe.

Doch wer werden Wir sein?
Wo werden Wir Wir sein?
Wie werden Wir sein?
Werden Wir Wir sein?
Mehr als ein „Ich" und ein „Dein"?

Gibt es ein Dir, das macht aus Mir
wieder ein Wir,

das lässt vergessen all den Schmerz
allein durch ein liebend' Herz.

Vielleicht ist es bereits hier,
tief in Dir,
in Mir,
zu einem Wir.

Schwarz

Ist es für die meisten die Dunkelheit des Lebens,
unbegreiflich und erdrückend,
beängstigend und erschreckend.
Glück zu finden, so meinen sie, sei hier
vergebens.

Bunte, laute Freude mit viel Heititei,
immer auf der Suche nach dem letzten Schrei,
oberflächlich angepasst,
sinnlos Geld verprasst,
wer sein wollen,
doch nicht sein können.
Heller blendender Schein,
so soll es für sie sein.

Was lob' ich mir da doch das Schwarz,
kommt es so rein daher wie Quarz.
Wahre Schönheit ohne Schein,
so soll es für mich sein.

Tief und mannigfaltig,
ehrlich und wahrhaftig.
Geprägt von wahrer Schönheit,
für den, der zu erkennen ist bereit

die Offenheit der Dunkelheit.

Leidenschaftlich, facettenreich und poetisch,
sowie durchdringend anmutig und ästhetisch,
wunderschön, erlebend und so viel mehr gebend,
lässt es mich abtauchen und ist zutiefst
bewegend.

Das Eichhörnchen

Ich streife im Wald umher,
getrieben schon seit Tagen,
da mir knurrt der Magen.
Doch eine kleine Nuss,
die einst war ein Genuss,
ist nun zu viel der guten Nuss.

Gefüllt ist mein Magen,
nicht erst seit Tagen
mit dem Abfall sorglos,
den der Mensch sanglos
in den Wald schmiss -
der Natur zum Ärgernis.
Klein und versteckt,
der todbringende Dreck,
meinen Magen nun verstopft.
Fühle mich wie ausgestopft
von des Menschen Schund,
der gelang durch meinen Mund.

Verhungern mit einem vollen Magen,
Das ist das Schicksal in diesen Tagen.

Diese Art von Sarkasmus nur des Mensch´
Präsenz
zu verursachen versteht und verspricht seine
Existenz.

Moonlove

Und plötzlich warst du wieder da,
tauchtest ganz zart und doch so klar
vor meinem Fenster auf.
Ich blickte zu dir hinauf.

Ich spürte deine unbändige Anziehungskraft,
deine Kraft, die mich umhüllt, erfüllt.
Ich liebe dich und deinen Schein,
zeigt er mir, wie möcht´ ich sein.

Fesselnde Freiheit

Du siehst mich an.
Ich blicke in Deine Augen.
Sie sind die Pforten
zu den Weiten der Unendlichkeit.
Die Unendlichkeit der Möglichkeiten
durch vollkommene Hingabe zweier Seelen,
geboren aus tiefem Urvertrauen.

In Dir könnte ich mich auf ewig verlieren,
mit Dir frei sein.
Dein sein.
Ich sein.
Wenn Ich Ich bin,
Kann Ich Dein sein.
Wenn Du Du sein kannst,
Werde Ich Dein sein.
Werden Wir Eins sein.

Durch Deine Augen,
sehe ich nicht nur Dich,
sondern auch mich
in der reinsten Form,

in der ich existieren kann.
Gefiltert durch Deine Wahrhaftigkeit,

Durch Dein Sein.

Auf ewig Dein.

Auf ewig Ein.

Mögl ICH keiten

Ich kann sein, was ich will,
heute ruhig, morgen wild.
Mal bunt, mal schwarz und weiß.
Ich weiß, meine Möglichkeiten sind unendlich.
Unendlich groß, unendlich weit, unendlich ich.

Ein Meer aus Blüten, schillernd in bunten
Farben, lieblich duftend,
all den Schmerz verkraftend.

Die tobende See, aufbrausend, wild und hohe
Wellen schlagend,
alle Zweifel unter sich begrabend.

Eine sanfte Lagune, weich, ruhig und mit
Klarheit bestechend,
innerer Frieden an sich heftend.

Die schwarze Tiefsee, absolute Dunkelheit
durchdringend stark und geheimnisvoll.
sie zu ertrage scheint qualvoll,
doch ist's des Wachstums Willen sinnvoll.

Das Leben bietet ein Meer an Möglichkeiten.
Möglichkeiten, die mögliche Wahrheiten werden
können.

Möglichkeiten, die es gibt zu viele, als nur zu
wählen eine Wahrheit die mögliche Realität sein
zu können.

Entscheidend allein ist, das die Wahl meiner
möglichen Realität wahrhaftig meiner Wahrheit
entspricht.

Entsprechend wähle ich
Mich.

Lebe meine Facetten,
denn all das

bin Ich.

Katzenjammer

Ich streune nun umher,
zu Haus' gefällt's nicht mehr.
Du hast alles hier verlassen,
mich allein zurück gelassen.

Nun such' ich einen Mensch' mit großem Herz,
der zu erkennen vermag meinen Schmerz,
der mir nicht nur das Fell streichelt und in die
Augen blickt,
sondern den auch die reine Schönheit meiner
Seele entzückt.

Ein zu Hause wünsche ich mir,
einen besseren Ort als hier.
Einen Ort der Wertschätzung und Liebe,
nicht nur wenn ich mich anschmiege.

Ich streunte umher, bis ich hatt' gefunden dich,
doch sagtest du: „Ich mag dich, aber ich will
dich nicht."
Du schickst mich wieder fort,
von meinem geliebten Ort.

Doch ich liebe deine Güte,
mög'st du mich behüte'.

Ich spüre so sehr, wie du mich magst,
es dennoch kaum auszusprechen wagst.

Nun bin ich wieder hier,
Kuschel mich an dich.
Jetzt bleib´ ich bei dir zu Haus´
gehen wir nur noch gemeinsam raus.

Loslassen

Plötzlich warst Du da,
unsere Energie ganz klar.
Uns stand eine gemeinsame Reise bevor,
Du hieltest mir immer wieder den Spiegel vor.

Bis auf Deiner Seele Grund
in dieser elementaren Stund'
konnte ich durch deine Augen schauen -
was ich sah mich hat umgehauen:

Dort sah ich Dich und erkannte mich.
Ich sah Mauern, die du bautest, um zu schützen
Dich.
Ich sah dich und dein Wesen,
fühlte den Schmerz, der war gewesen.
Ich spürte das Band zweier Seelen Verbindung
tief,
doch den Knoten der Angst sich nicht lösen ließ.

Du spürst meine Energie und ihre Kraft,
hast Angst, vor dem, was sie mit Dir macht.
Du spürst mich und weißt, was ich sehe,
hast dennoch Angst, dass ich gehe.
Kannst mich aber auch nicht näher heranlassen,
würdest so den Einsturz deiner Mauer zulassen.

Mein Teil dieser Reise ist nun vorbei,
ich trenne unsere Verbindung entzwei.
Du wirst Deinen Weg nun alleine gehen,
Deine Angst kann ich dir nicht nehmen.

Daher ist es an der Zeit,
für mich zu gehen.
Es ist an der Zeit
loszulassen.
Es ist an der Zeit
Dich sein zu lassen
und Dich Deinem Schmerz zu überlassen.

Für mich beginnt nun eine neue Zeit,
vielleicht bist auch Du irgendwann bereit.

Zweifel

Sie kommen aus dem nichts,
wie des Teufels Bösewichts.
Sie umzingeln mich zusammen,
wollen sich in meinen Kopfe rammen.

Ein Konstrukt aus alten Programmierungen
auf der Suche nach neuen Stabilisierungen,
die sie brauchen für ihr Konstrukt so dringend.
Würde sonst alles mir der Zeit dahin rinnend
formen neue Erlebnisse und Geschehnisse,
haben Sorge das ich sie nicht mal vermisse.

Doch ich will frei sein, wachsen,
nicht an meinen Zweifeln zerknacksen.
Möchte meines Weges gehen,
mich nicht mit ihnen im Kreise drehen.

Geschwind, Geschwind,
ganz auf mich besinnt,
räume ich mir den Weg frei,
schlage meine Zweifel entzwei.

Möchte so formen meine neue Realität
gebunden an meiner Visions Loyalität.
Gehen meinen wahrhaftigen Weg allein,
der mich führt ins Glück hinein.

Ent-Täuschung

War sie doch einst so groß,
die Hoffnung auf das große Los.

Die Erfüllung des lang ersehnten Traums,
des sich gemeinsam etwas aufbauens.

Doch auch wenn die Verpackung hübsch
anzusehen ist,
ist's am Ende doch der Inhalt, der besticht.

Der wahre Charakter wird oft nach außen hin
versteckt
damit ihn niemand, der ihn wirklich schätzt,
entdeckt.

Doch so wird die große Liebe nie ihren Weg zu
Dir finden,
wenn Du Deine Seele versperrst in inneren
Spinden.

Verlorenes Eis

Ich schwimme nun seit Tagen,
mag nicht zu sagen wagen,
wann ich aufbrach um zu jagen,
ist doch alles so verzerrt in diesen Tagen.

Einst blühte hier ein Paradies,
unendliche Weiße die Ehre sich erwies.
Reines Weiß, das sich
mit jedem Schritt so zart
um meine Pratzen schmieg,
wohin ich auch trat.

Doch mein Paradies, mein zu Hause,
es hat sich verändert, es zerbricht
in tausend kleine Teile ohne Pause
die nicht halten können mein Gewicht.

Doch brauche ich sie, um zu Leben,
um zu überleben würd ich alles geben,
doch genommen wird mir auf ewig alles,
höre aus der Ferne des Kalben Schalles.

Ich schwimme auf der Suche nach Land,
will ins Wasser springen von dessen Kant'
um zu fangen Beute für mein liebes Kind,

doch ich finde nichts, fühl' mich wie blind.

Von Jahr zu Jahr, von Tag zu Tag
schwimme ich egal ob ich noch mag.
Es verschwindet meine Heimat so geschwind,
als wäre sie weggeblasen wie vom Wind.

Ich schwimme, um zu überleben,
meinem Kind ein zu Hause zu geben.
Nun sinke ich erschöpft herab auf den
Meeresgrund,
während der Mensch weiter treibt mit dem
Klima Schund.

Wenn doch

Ich träume von einem Leben
voller Glück, Freude und Liebe.
Doch das Leben will es mir nicht geben,
schenkt mir statt all der Liebe immer nur Hiebe.

Doch was ist, wenn
all das Glück was ich suche,
bereits da ist und ich es nicht erkenne,
wenn ich auf ewig beklage,
was nicht beklagenswert ist.

Doch was ist, wenn
all die Freude, die ich mir wünsche,
verborgen liegt unter all der Last
und ich sie nicht fühlen kann, wenn
ich mir diese Last immer und immer wieder
selbst auferlege?

Doch was ist, wenn
all die Liebe, nach der ich mich so sehr sehne,
tief in mir selbst steckt
und wartet von mir entdeckt zu werden, wenn

der einzige Mensch, der mir diese Liebe zu
schenken vermag,
einzig und allein ich bin?

Doch was ist, wenn
alles was ich mir wünsche bereits da ist.
Was ist, wenn
ich alles wonach ich mich sehne nur ein wenig
Mut erfordert?
Was ist, wenn ich nur einen Schritt nach vorne
machen muss?
Was ist, wenn
all das in mir verborgen liegt?
Wenn all das ICH bin?

WahrhaftICH

Ich bin, wer ich bin - doch wer bin ich?
Wer bin ich, diese mächtige Frage zu stellen?
Ich bin, wer ich bin - doch wer bin ich?
Ist es wichtig zu wissen, wer ich bin?
Ist es nicht viel bedeutender zu wissen, wer ich
sein möchte?
Du kannst alles sein, haben sie gesagt. Kann ich
das?
Ich bin, wer ich bin. Ich werde sein, wer ich bin,
denn ich kann nicht alles sein.
Ich bin ich und will wahrhaftig ich sein.

Scheinwahrheiten

Es ist
eine perfekte Illusion
entstanden durch Deinen Blickwinkel,
bestärkt durch die Gesellschaft.
Eine Illusion der Wahrheit,
die wahrhaftig falsch
und falsch wahr ist.
Eine Illusion
als Spiegel Deiner Wahrheit.
Dabei war es alles,
was einmal Wahrheit war
heute Vergangenheit.
Eine längst vergangene Zeit,
die Dir Deine Wahrheit spiegelt,
in Deiner Illusion
der Vergangenheit,
der Wahrheit.

Im Wandel der Zeit

Ich stehe hier an meinem Platz,
der richtig ist für mich, ein Schatz.
Entsprungen aus einer Nuss,
so zart wie ein lieblich Kuss.

Meine Wurzeln ragen unsichtbar,
verzweigen sich dort unaufhaltbar
bis tief in des Bodens Grunde,
bilden ein Netzwerk im Verbunde.

Sie nähren mich von unten herauf,
bis auf die Spitze meines Dach's hinauf.
Sie halten mich ganz fest an meinem Platz,
damit ich beherbergen kann den kleinen Spatz.

Ich wachse über meinen Stamm
in Richtung Himmel empor und dann
Breite ich aus mein Blätterkleid,
wie das Schild der holden Maid.

Ich bin verwurzelt tief im Boden,
nutze meine Kraft von unten bis oben.

Blätter kommen, Blätter gehen,
doch ich bleib´ fest hier stehen.
Mein Sein ragt bis in den Himmel empor,
schillert im Herbst wie ein golden Tor.

Ist auch von Wandel bestimmt die Welt,
bleibe ich bei mir, bin mein eigen Held,
denn ich vertraue mir und schätze mich.
Hoffe Du tust das gleiche auch für Dich.

Katastrophen menschlichen Handelns

Wo einst die Sonne war,
sind nun schwarze Wolken.

Wo einst die fröhliche Lebendigkeit tobte,
erdrückt nun das trübselige Sterben.

Wo einst ein Leben war,
erfüllt nun Leere den Raum.

Wo einst Liebe zum Leben war,
prägt nun Angst den Augenblick.

Wo einst lautes Lachen war,
herrscht nun leises Weinen.

Wo einst frohe Worte sprudelten,
umhüllt nun stilles Schweigen

alles.

Erinnerungen

So kurz doch ist das Leben,
sollte da nicht Glück sein, unser Bestreben?
Unsere Zeit auf ewig hier verrinnt,
niemand noch etwas hinzugewinnt.
Momente, sie sind so kostbar.
Die Kostbarkeiten, die die Währung des Lebens
enthalten.
Die Zeit ist die Währung des Moments.
Momente, die die Ewigkeit für sich gewinnt,
zu währen länger als Leben und Tod bestimmt.

Momente sind unsterblich,
als Erinnerung gebrannt auf unsere Seele,
auf ewig ein Teil von uns.
Getragen von dem Duft der Emotion des
Moments hinaus,
haften sie an uns wie der Schweiß einer
durchtanzten Nacht,
Zutiefst erfüllend, bereichernd, das Leben
fühlend, uns glücklich macht.
Vermögen sie zu Tragen uns auf immer neuen
Wellen der Freude,
sind des wahrhaften Wahnsinns Illusions Zeuge.

Erinnerungen, die sich wie ein Memory zu
einem Mosaik des Lebens formen,
sie zu sammeln uns immer weiter anspornen.
Wähle wie ein Künstler des Lebens mit bedacht,
was du zu deiner Erinnerung machst.

Neubeginn in einem Wort

Am Anfang war ein Wort,
An diesem fremden Ort.

Ein liebliches Wort, das so sanft,
deinen Lippen entwich, unverkrampft
seinem Weg entlang
in meinem Ohr erklang.

Ein durchdringendes Wort, mein Mark
zum erschaudern brachte so stark.

Ein Wort des Neubeginns,
des Lebens neuen Sinn.
Läd' es mich zum verweilen ein,
Will dass ich bin auf ewig Dein.